Ce livre appartient à :

HISTOIRES DE MON AGE

J'ai deux ans

HISTOIRES DE MON AGE

J'ai deux ans

Histoires et comptines

Parragon
Bath • New York • Singapore • Hong Kong • Cologne • Delhi • Melbourne

Queen Street House
4 Queen Street
Bath BA1 1HE
Royaume-Uni

Conception graphique : Jester Designs
Illustrations : Georgie Birkett, Stephanie Boey, Mario Capaldi, Dorothy Clark, Kate Davies, Maggie Downer, Frank Endersby, Serena Feneziani, Andrew Geeson, Piers Harper, Elaine Keary, Angela Kinkaid, Jane Molineaux, Claire Mumford, Rikki O'Neill, Pauline Siewart, Jessica Stockholm, Linda Worrell

Réalisation : InTexte Édition, Toulouse
Traduction-adaptation : Dominique Taffin-Jouhaud

ISBN 978-1-4075-7717-3

Imprimé en Chine
Printed in China

✦ *Sommaire* ✦

Les nounours farceurs

Un beau matin d'été, Papa et Maman annoncèrent à Lucas et à Petit-Louis qu'il était temps de se préparer pour aller à la plage.

« Youpi ! cria Lucas. On peut emmener les nounours ? »

« Oui, mais à condition que tu les surveilles, dit Papa. Si tu les perds encore, je ne passerai pas l'après-midi à les chercher ! »

Lucas et Petit-Louis emportaient leurs nounours partout, mais ils les oubliaient souvent et, ensuite, on avait le plus grand mal à les retrouver. En fait, ces garnements de nounours profitaient de ce que tout le monde avait le dos tourné pour partir à l'aventure.

Ce jour-là comme les précédents, la famille arriva à la

plage et déballa ses affaires. Papa s'installa pour lire le journal et maman sortit un livre. Très vite, Lucas et Petit-Louis commencèrent à faire des pâtés de sable. Quand les nounours farceurs virent que personne ne les regardait, ils se sauvèrent en pouffant de rire.

« Partons en balade, dit Bilou, qui était le plus grand des deux. Je vois une grotte par ici ! » ajouta-t-il en montrant un trou sombre qui se découpait dans les rochers.

« Mais il fait tout noir là-bas… » remarqua Bella.

« Courage ! répondit Bilou. Tu es une ourse. Les ours aiment bien les grottes toutes noires ! »

Ils grimpèrent sur les rochers et se faufilèrent dans la grotte, qui était très profonde. À ce moment-là, Bella aperçut quelque chose qui brillait par terre.

Elle ramassa l'objet et le montra à Bilou.

« C'est de l'or ! s'exclama Bilou, tout excité, en retournant la petite pièce de monnaie. Nous sommes sûrement dans une grotte de brigands ! Et les brigands sont peut-être dans les parages. Allons voir ! »

« Non, dit Bella. C'est dangereux. Rentrons. » Elle fit demi-tour et se précipita vers la sortie, mais vit, affolée, que la marée avait monté, et qu'elle isolait les rochers du reste de la plage.

« Bilou ! cria-t-elle d'une voix angoissée. Viens vite ! Nous sommes coincés ! »

Pendant ce temps, Lucas et Petit-Louis avaient fini leurs pâtés et s'étaient aperçus que les nounours étaient partis.

« Ah, non ! grogna Papa. Encore ? »

La famille se mit à chercher partout, mais sans trouver la moindre trace des ours. « Ils ont peut-être été emportés par une vague ! » dit Petit-Louis d'une voix tremblante.

Dans la grotte, les nounours garnements les voyaient explorer la plage. Ils sautaient en l'air en faisant de grands signes. « Ça ne sert à rien, dit Bella, ils ne nous voient pas. Nous sommes trop petits. »

« Ne t'inquiète pas », dit Bilou, en essayant d'avoir l'air brave.

À cet instant, deux hommes parurent de l'autre côté des rochers. Les nounours se figèrent : c'étaient sûrement les brigands ! Ils tremblèrent de peur quand les hommes les attrapèrent, qu'ils grimpèrent sur les rochers et les jetèrent au fond d'une petite barque amarrée dans un endroit bien

caché. Les nounours se blottirent l'un contre l'autre dans le fond du bateau quand les hommes sautèrent dedans et se mirent à ramer. Où allaient-ils les emmener ?

Puis le bateau s'arrêta enfin et l'un des deux rameurs sauta sur le sable. Il saisit les nounours et les souleva en l'air, au-dessus de sa tête, en criant : « Qui a perdu des nounours ? »

Tous les vacanciers levèrent le nez. Lucas et Petit-Louis coururent à la rencontre des deux hommes et enlacèrent les nounours.

« Merci, dit Papa aux deux hommes. Nous les cherchions partout ! »

« Nous les avons trouvés dans cette grotte, expliqua l'un des hommes, en pointant l'endroit du doigt. Vos enfants ont dû les y oublier. »

« Mais ils sont restés ici tout l'après-midi, à faire des pâtés… » remarqua Papa d'un air étonné.

Personne ne comprit jamais comment ces garnements de nounours avaient réussi à entrer dans la grotte, ni d'où venait la petite pièce de monnaie glissée dans la poche de Bilou. Mais Papa dit à ses garçons qu'à l'avenir les nounours resteraient à la maison. Les deux garnements ne se plaignirent pas. Ils avaient vécu assez d'aventures. Et cela leur laissait beaucoup de temps pour jouer à cache-cache, leur jeu favori !

Dix petits ours

Dix petits ours traversent le Pont-Neuf,
Un petit ours noue ses lacets, il n'en reste que neuf.

Neuf petits ours vont au cirque,
Un petit ours roule sur la piste, il n'en reste que huit.

Huit petits ours vont au marché,
Un petit ours achète des cacahuètes,
Il n'en reste que sept.

Sept petits ours jouent sur la plage,
Un petit ours est pincé par une écrevisse, il n'en reste que six.

Six petits ours visitent le zoo,
Un petit ours joue avec les lynx,
Il n'en reste que cinq.

Cinq petits ours vont au théâtre,
Un petit ours se tord le pied,
Il n'en reste que quatre.

Quatre petits ours vont au bois,
Un petit ours prend froid,
Il n'en reste que trois.

Trois petits ours mangent trop d'œufs,
Un petit ours est fiévreux,
Il n'en reste que deux.

Deux petits ours cueillent du jasmin,
Un petit ours se perd en chemin, il n'en reste qu'un.

Le dernier a trouvé ça très rigolo,
Il est fatigué et va faire dodo,
Alors, il en reste zéro.

Magali aime trop son lit

Magali, sors de ton lit,
Magali, sors de ton lit,
Oui ou non, Magali chérie,
Vas-tu sortir enfin du lit ?

Il est six heures passées, quitte ton oreiller,
Le soleil a pointé son nez, le soleil s'est levé.

Magali, sors de ton lit,
Magali, sors de ton lit,
Oui ou non, Magali chérie,
Vas-tu sortir enfin du lit ?

Il est sept heures passées, derrière tes rideaux,
Le soleil brille, le soleil est déjà haut.

Magali, sors de ton lit,
Magali, sors de ton lit,
Oui ou non, Magali chérie,
Vas-tu sortir enfin du lit ?

Il est huit heures passées, la cloche de l'école a sonné,
Et tu n'as toujours pas quitté ton lit douillet !

Louisette

Louisette a perdu sa pochette,
Juliette l'a retrouvée.
Dans la pochette, pas de monnaie,
mais le ruban qui la fermait.

L'ombrelle de Cendrillon
Est toute mitée, qu'en dira-t-on ?
Quand il pleut, mironton,
Elle en a de gros frissons.

La lampe d'Aladin est bien rouillée,
Et ne brille plus comme elle devrait.
Fâchée de n'être plus astiquée,
Elle crache des ronds de fumée.

Clic ! Clac !

Couic, couic, crac, crac !
Crabi-crabe te pince le pied !
Crie très fort pour te sauver,
Couic, couic, crac, crac !

Clic, clac, mic, mac!
Fais attention à la flaque,
Ou Crabi-crabe t'attaque,
Clic, clac, mic, mac !

La chanson du baleineau

« Oh ! Qu'il fait beau ! »

chantait Flipo le baleineau lorsque les rayons de soleil caressaient l'océan. Après quelques pirouettes, il nageait de-ci, de-là, puis jouait dans les vagues et faisait des galipettes.

Flipo aimait chanter et danser. Malheureusement, s'il était doué pour la danse, il chantait comme une casserole ! Il ouvrait tout grand son gosier de baleineau, et poussait ses notes à pleine voix, mais quel résultat ! L'océan portait l'écho de ce tintamarre à des kilomètres à la ronde, et tous les habitants de l'océan devaient aller se réfugier sous les rochers.

Et quand le soleil brillait, cela empirait : Flipo était alors si joyeux qu'il avait envie de valser et de fredonner sans arrêt. Le petit monde de la mer en venait à espérer le mauvais temps, rien que pour avoir la paix.

« Il faut faire quelque chose ! se lamenta un jour Gélatine, la méduse. La voix de Flipo me fait frissonner et trembler si fort que je ne vois plus où je vais ! »

« Moi je sais ce que je vais faire ! répondit Gaspard le homard. Je vais aller au bout de la mer. J'ai la tête qui éclate quand j'entends la voix de Flipo. »

« Quelqu'un doit absolument lui dire de ne plus chanter », déclara Stella la raie.

« Mais cela va le blesser », remarqua Gélatine.

« Moins qu'il ne blesse mes oreilles en ce moment ! » coupa Gaspard.

Ainsi, ils décidèrent que c'est Stella qui parlerait le lendemain à Flipo ; elle lui dirait que plus personne ne voulait entendre ses chansons. Gélatine avait raison. Flipo fut horriblement vexé quand il comprit que les autres n'aimaient pas sa voix. Il se mit à pleurer et versa de grosses larmes salées.

« J'essayais juste de montrer que j'étais heureux ! sanglota-t-il. Je n'avais pas compris que je dérangeais ! »

« Écoute, fit Stella, très ennuyée d'être la messagère des mauvaises nouvelles. Tu peux encore danser ! »

« Mais ce n'est pas drôle de danser sans musique ! protesta Flipo d'une petite voix. Il manque le rythme ! » Et il plongea au fond de l'océan, en disant qu'il voulait rester tout seul un moment.

Pendant que Flipo restait dans son coin, il entendit un son magnifique. Cela ressemblait à un chant. Flipo voulut

savoir d'où venait cette mélodie superbe et, d'un coup de nageoire, il se lança dans sa direction.

Au fur et à mesure qu'il s'approchait, il distinguait une voix douce qui déroulait une jolie mélopée. Caché derrière un gros rocher, il vit un petit poulpe qui se laissait bercer

par le courant, sur le fond de l'océan. Ses tentacules s'agitaient en tous sens, mais il semblait un peu empêtré et n'arrêtait pas de tomber. Quand le petit poulpe voulut tourner sur lui-même, ses tentacules s'emmêlèrent et il se retrouva par terre.

« Zut, zut ! dit Zouzou le poulpe. On dirait que j'ai huit pieds gauches ! »

Flipo pointa le nez de derrière son rocher.

« Qu'est-ce que tu essaies de faire exactement ? » lui demanda-t-il.

Le petit poulpe avait un petit air gêné.

« J'essayais de danser, dit-il en rougissant. Mais je ne me débrouille pas très bien. »

« Eh bien, je pourrais peut-être t'apprendre, proposa Flipo. Je suis très bon danseur. Et en échange, j'aimerais bien que tu m'expliques quelque chose... »

Quelques semaines plus tard, Gélatine, Gaspard et Stella commençaient à s'inquiéter de ne plus voir Flipo quand ils entendirent un son étrange et séduisant qui flottait à leur rencontre dans l'océan.

« Oh ! Qu'il fait beau ! »

disait la chanson, mais cette fois, deux voix se mariaient pour créer une harmonie parfaite !

« Ça ne peut pas être Flipo ! » se dirent toutes les créatures marines étonnées. Mais quand les voix se rapprochèrent, ils reconnurent Flipo – c'était bien lui – qui chantait et tournoyait gracieusement avec son nouvel ami !

Mon meilleur ami

Il me câline dans mon lit,
Et me protège la nuit,
Quand un vilain cauchemar
Me réveille dans le noir.

Toujours prêt à jouer,
Il partage mon goûter,
Et me laisse gagner la partie,
Avec une mine réjouie.

Je lui dis tous mes secrets,
Il n’a jamais l’air étonné.
Comme il connaît mes soucis,
Je peux vraiment compter sur lui.

Si j’ai un gros chagrin,
Il me tient toujours la main.
C’est mon nounours, mais aussi
Oui, oui, mon meilleur ami !

Les nounours

J'en connais des minis, des petits
Des grands et des géants,
Il y en a des dodus, des joufflus,
D'autres sont vraiment très élégants.

Certains sont doux comme des agneaux,
D'autres ont le poil comme du crin,
Parfois leur fourrure est de satin,
Comme la plume d'un oiseau.

Il ont l'air tout content,
Ou gardent un air distant,
Des yeux pétillants
Ou un regard inquiétant.

Mais tous les nounours sont aimants,
Tous les nounours ont un cœur d'or,
Tous les nounours sont charmants,
Tous les nounours sont des trésors.

Ding, Ding, Dong

Ding, Ding, Dong, Mistigri,
Le chat est dans le puits,
Qui l'y a mis, dis-moi ?
C'est Denis, ma foi.
Et qui l'a repêché ?
Je crois que c'est Didier.
Quel méchant, le p'tit gars
Qui voulait noyer le pauvre chat !
Car le minou n'avait pas fait
De bêtises au poulailler !

Oscar le flemmard

Le nounours Oscar aimait se prélasser sur les oreillers de son copain Julien. Tous les matins, le réveil sonnait très tôt, Julien sautait au bas du lit, et ouvrait tout grand les rideaux. « J'aime le matin ! » disait Julien en s'étirant devant la fenêtre éclairée par les premiers rayons du soleil. « Tu es fou ! » grognait Oscar en piquant du nez sous le drap et en se réfugiant bien au fond sous les couvertures, où il passait le reste de la matinée à ronfler.

« Allez, viens jouer, Oscar, espèce de flemmard ! » disait Julien. Mais Oscar ne bougeait pas et ronflait encore plus fort.

Julien aurait bien aimé un nounours un peu plus motivé, comme les peluches de ses amis. Il aimait partir à

l'aventure, mais aurait bien voulu qu'Oscar vienne avec lui. Un soir, Julien décida de discuter avec Oscar. Il lui parla de sa partie de pêche avec ses copains qui étaient accompagnés de leurs peluches.

« C'était vraiment super, Oscar. Je suis sûr que tu aurais adoré ça. Il faut vraiment que tu sortes du lit. Demain, c'est mon anniversaire, et il y aura une fête, avec des jeux, des cadeaux et de la glace à la fraise. Tu viendras, tu promets ? »

« Ça a l'air sympa, dit Oscar. Bon, d'accord, je promets. Pour une fois, je ferai un effort. »

Le lendemain matin, Julien se leva tout content. « Youpi ! C'est mon anniversaire ! » s'écria-t-il en dansant comme un Indien dans sa chambre. Il souleva la couette et dit : « Debout, Oscar, debout ! C'est l'heure. »

« Encore cinq minutes ! » protesta Oscar, qui se rendormit illico. Quand Julien remonta dans sa chambre après le petit déjeuner, Oscar ronflait toujours. Alors Julien décida qu'il en avait assez. Il se mit à chatouiller Oscar, qui commença à grogner. « Oscar, réveille-toi ! Tu m'as promis, tu te souviens ? » Oscar bâilla. « Bon, d'accord ! », dit-il à contrecœur et, tout en bougonnant, il sortit du lit. Il se débarbouilla le nez et les pattes, se brossa les dents et enfila sa jolie veste rouge.

« Ça y est ! Je suis prêt ! » dit Oscar.

« Bon ! dit Julien. Ce n'est pas trop tôt ! »

La sonnette de l'entrée retentit, et Julien se précipita pour ouvrir la porte. « Je reviens te chercher dans une minute ! » annonça-t-il à Oscar. Mais quand il revint, il ne vit pas Oscar, qui était retourné se coucher tout au fond du lit.

Julien était si fâché qu'il décida de laisser Oscar là où il était. « Tant pis, il ratera la fête ! » se dit-il. Mais au fond, il était blessé qu'Oscar n'ait pas tenu sa promesse.

Julien s'amusa beaucoup, mais Oscar lui manquait. Ce soir-là, en se glissant sous la couette, il versa de grosses larmes sur son oreiller.

Oscar était réveillé et l'écoutait pleurer. Il savait que Julien était triste parce qu'il l'avait abandonné et il se sentait tout honteux.

« Pardon ! » lui chuchota-t-il à l'oreille, et il se blottit contre Julien en lui caressant les cheveux pendant qu'il dormait.

Le lendemain, quand le réveil sonna, Julien sauta du lit, comme d'habitude. Mais...

surprise ! Oscar avait sauté du lit en même temps que lui, et il s'étirait comme un chat. Julien le regarda, avec un air complètement ébahi.

« Qu'est-ce qu'on fait, aujourd'hui ? » demanda Oscar.

« Euh.... On va pique-niquer, répondit Julien après un moment d'hésitation. Pourquoi ? Tu veux venir ? »

« Oui ! », fit Oscar. Et depuis ce jour, Oscar se réveilla en forme tous les matins, prêt à vivre de nouvelles aventures avec Julien. Plus jamais il ne le laissa partir tout seul.

Si tu as d'la joie au cœur

Si tu as d'la joie au cœur,
Tape des mains !
Si tu as d'la joie au cœur,
Tape des mains !
Si tu as d'la joie au cœur,
Si tu as d'la joie au cœur,
Tape des mains !

Si tu as d'la joie au cœur,
Claque des doigts ! etc.

Si tu as d'la joie au cœur,
Tape des pieds ! etc.

Si tu as d'la joie au cœur,
Pince ton nez ! etc.

Si tu as d'la joie au cœur,
Crie « Olé ! » etc.

Les éléphants n’oublient jamais

Ce matin, j’étais bien étonné,
Ma trompe était tirebouchonnée !
Je sais que je dois me rappeler
Quelque chose que j’ai oublié !

J’y ai pensé toute la journée
Et pourtant, j’ai vraiment oublié.
Mais je suis sûr d’y repenser,
Les éléphants n’oublient jamais !

Gratouille, chatouille

Pauvre macaque se tortille, se mordille,
Comme piqué par une aiguille,
Ça chatouille, il se gratouille
En criant « ouille, ouille ! »

« Ces puces me rendent fou,
Je voudrais me cacher dans un trou,
Et me débarrasser de ces furies
Qui viennent me gâcher la vie ! »

Alors passe un gros ours,
Tout droit sorti de la brousse,
L'air énervé, il se trémousse,
et se donne de grandes secousses.

Comment me gratter le dos, là ?
« Je t'en prie, aide-moi,
Petit macaque, mon copain,
Moi je te gratterai le tien ! »

Le pique-nique des ours

Nounours a apporté des pains au chocolat,
L'ours brun offre un gros pot de miel,
Bébé ours a préparé de la glace au nougat,
Et de la confiture de mirabelles.

Le vieux Bistouille a acheté des bonbons,
Des tartelettes à la crème et à la cannelle,
Sans oublier le gros paquet de caramels
Que l'ours blanc a rapportés du Japon.

Ils sont partis dans la forêt,
Ont trouvé un coin ensoleillé,
Pour leur pique-nique entre amis,
Et leur festin de sucreries.

Pauvre petit chien perdu

« Brrrrr »

« Brr ! fit la petite chienne Véga en frissonnant. Il fait drôlement froid, ce soir ! »

« Serre-toi un peu contre moi », dit sa maman.

« C'est pas juste ! se plaignit Véga. Pourquoi devons-nous dormir dans le froid ? Les chats ont le droit d'avoir un toit et même de jolis paniers en osier pour se coucher ! »

« Nous sommes des chiens de ferme, dit Maman. Nous devons être forts et travailler dur pour gagner notre pain ! »

« Je préférerais être un chat, grogna Véga. Ils passent leur temps à se frotter le bout du nez, à manger et à dormir ! »

« Notre vie n'est pas si mauvaise, protesta Maman. Arrête de te plaindre et repose-toi un peu. Nous avons beaucoup à faire demain matin. »

Le lendemain, Véga se réveilla tôt et trotta le long du chemin. Elle se promena dans les hautes herbes, chassant quelques lapins et respirant tous les parfums.

Généralement, quand elle arrivait au bout de l'allée, elle s'arrêtait et revenait en arrière. Mais ce jour-là, elle aperçut un gros camion rouge stationné devant une maison. L'arrière du camion était ouvert, et Véga, petite curieuse, décida de grimper dedans pour voir ce qu'il contenait.

Le camion était empli de meubles. Tout au fond, il y avait un grand fauteuil moelleux. Véga s'y installa.

« Je pourrais dormir, toute la journée, comme un chat », se dit-elle. Elle ferma les yeux et deux minutes plus tard, elle dormait à poings fermés.

Au bout d'un moment, elle se réveilla en sursaut.

« Oh la la ! Je me suis endormie ! se dit-elle, ennuyée. Il vaudrait mieux que je rentre. Maman a dit que nous avions une dure journée ! »

Mais alors, Véga se rendit compte que les portes du camion étaient fermées ! Elle entendait des voix à l'extérieur.

« Oh, misère ! pensa-t-elle. J'aurai des ennuis si on me trouve ici », et elle se cacha derrière le fauteuil.

Les portes du camion s'ouvrirent et Véga risqua un œil. Deux hommes déchargeaient le mobilier.

Après avoir vérifié que personne ne regardait, Véga sortit du camion, mais elle n'était plus dans sa campagne familière ! Elle se trouvait dans une grande ville pleine de bruits, de grands buildings et d'autos.

Pauvre Véga ne savait plus du tout où elle était !

« C'est ce camion qui m'a amenée ici », pensa-t-elle, apeurée.

Toute la journée, Véga essaya de retrouver le chemin de sa maison, et elle eut de plus en plus faim et froid. Épuisée, elle finit par se coucher en gémissant.

« Qu'est-ce qui se passe, petite chienne ? dit la voix gentille d'un homme qui se penchait sur elle. Tu as l'air perdue. Suis-moi à la maison. » Véga donna un coup de langue affectueux sur la main de l'homme et partit avec lui.

Quand ils arrivèrent, Véga s'assit sur le seuil, espérant seulement que l'homme lui apporterait quelque chose à manger. Mais l'homme dit : « Viens, tu pourras rester ici. »

Véga entra dans la maison et y aperçut un petit caniche qui l'attendait. Véga le regarda avec curiosité : qu'était-il arrivé à sa fourrure ?

« Tu ferais mieux de prendre un bain avant de dîner », annonça l'homme en regardant les poils de Véga, qui n'étaient plus très blancs. Il lava l'animal dans une grande bassine, puis brossa sa fourrure emmêlée. Véga se mit à trembler. Qu'avait-elle fait pour mériter une telle punition ?

« Tu n'aimes pas ça ? » demanda timidement le caniche.

« Ah, pas du tout ! dit Véga. Toutes ces toilettes, c'est pour les chats ! » Puis l'homme lui donna un dîner de petites croquettes sèches. Véga les renifla avec dégoût. Elle avait l'habitude de manger des morceaux de viande et un gros os.

« On dirait de la nourriture pour chats ! » se plaignit Véga. Après le dîner, le caniche grimpa dans un grand panier qui avait été placé dans la cuisine.

« Je croyais que c'était un panier à chat ! » dit encore Véga. Elle essaya d'y dormir mais elle avait trop chaud et se sentait mal à l'aise. Elle pensait aux étoiles qu'elle comptait pour s'endormir et, surtout, elle regrettait sa maman chérie.

« Je veux rentrer à la maison ! » gémit-elle, avec de grosses larmes qui coulaient sur le bout de son museau.

Le lendemain, l'homme mit une laisse à Véga et l'emmena en ville. Véga détestait se faire traîner ainsi au bout de cette drôle de ficelle, sans pouvoir s'arrêter pour renifler les odeurs.

Mais en arrivant sur la place du marché, elle entendit un appel familier et vit la tête de sa maman derrière le carreau de la camionnette du fermier ! Alors, Véga se mit à aboyer et tira sur la laisse jusqu'à ce que l'homme s'approche de la camionnette. Puis elle sauta, tout excitée, sur la portière. Le fermier n'en revenait pas : c'était Véga ! Il ne l'avait jamais vue aussi propre ! L'homme expliqua ce qui s'était passé, et le fermier le remercia d'avoir pris soin d'elle.

Sur le chemin du retour, Véga raconta ses aventures à sa maman.

« Je pensais que tu t'étais sauvée parce que tu ne voulais plus être un chien de fermier », dit-elle gentiment.

« Oh, non, maman ! répondit Véga. J'aime bien être un chien de fermier. Je suis pressée de rentrer à la maison pour ronger un gros nonos et pour retrouver notre petit lit sous les étoiles ! »

Le tour du jardin

Fais le tour du jardin,
Petit ours malin !

Un pas, deux pas,
Je te chatouille le bras !

Près de la meule de paille,
Petite souris canaille !

Un pas, deux pas,
Entre dans ton logis,
Et passe par ici !

L'ourson Patenrond

Pendant que Lucie faisait la sieste au pied d'un arbre, l'ourson Patenrond partit se promener dans la forêt et, très vite, se perdit tout à fait. Il ne savait pas comment rentrer, aussi il s'assit par terre pour réfléchir à la situation.

Quand Lucie se réveilla, elle regarda autour d'elle avec surprise. Son ourson Patenrond avait disparu ! Elle pensa que quelqu'un le lui avait pris, parce qu'elle ne savait pas que les nounours vont se promener quand les enfants dorment.

« Patenrond ! appela-t-elle. Patenrond ! Où es-tu ? »

Il n'était pas très loin. Lucie le vit bientôt qui reniflait une touffe d'herbe.

« Ah ! Te voilà ! dit-elle en poussant un soupir de soulagement. Je te croyais perdu. Mais, où est ta veste ? »

En fait, Lucie avait vraiment perdu Patenrond, car l'ourson qu'elle emportait à la maison n'était pas une peluche. C'était un véritable ourson ! Sur le chemin du retour, il resta bien tranquille dans les bras de Lucie.

Bientôt, Lucie monta dans sa chambre. Elle jeta l'ourson sur son lit et alla faire couler son bain.

« C'est le moment de se sauver ! » pensa l'ourson. Il descendit du lit en entraînant les couvertures, courut jusqu'à la fenêtre et essaya de grimper aux rideaux. Mais les rideaux se déchirèrent et tombèrent en tas par terre. À cet instant précis, la maman de Lucie entra dans la chambre. Le petit ours se figea. Puis Lucie arriva.

« Regarde-moi ce désordre ! dit la maman de Lucie. Tu as encore joué avec cet ours. Maintenant, lave-toi ! »

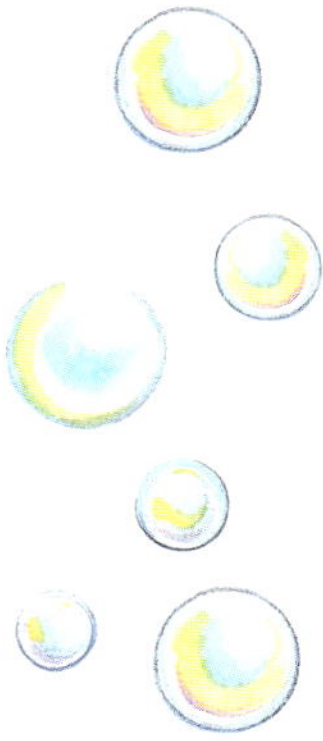

Lucie ne comprenait pas comment sa chambre pouvait être dans un tel état, mais elle ne dit rien, fit sa toilette, emporta l'ourson dans la salle de bains et le posa sur le bord de la baignoire.

« Ne tombe pas dedans ! » lui recommanda-t-elle en allant chercher une serviette. L'ourson sauta dans la baignoire en faisant un grand « plouf » ! Il se mit à agiter les pattes dans tous les sens, envoyant des gerbes d'eau savonneuse dans la pièce. Entendant des bruits de pas, il se mit sur le dos et fit semblant de flotter, immobile. C'était Lucie, suivie de sa maman. « Oh ! Lucie ! Que s'est-il passé ? »

« Patenrond a dû tomber dans l'eau ! » s'écria Lucie en saisissant l'ourson pour l'essuyer avec sa serviette.

« Un ourson ne peut pas faire un tel branle-bas ! déclara la maman de Lucie. Maintenant, tu dois tout ranger ! »

Lucie regarda Patenrond de plus près. Son nounours avait quelque chose de différent, mais elle ne savait pas dire quoi.

Cette nuit-là, alors que Lucie dormait, l'ourson descendit doucement l'escalier. Il voulait retourner dans les bois, mais il avait faim. Dans la cuisine, il trouva toutes sortes de bonnes choses, et fit un vrai festin.

Quand Lucie descendit chercher un verre de lait, elle trouva l'ourson qui avait les pattes pleines de nourriture. L'ourson se figea. Puis la maman de Lucie apparut dans l'entrée.

« Mais vraiment, Lucie, tu es incorrigible ! s'exclama la maman, fâchée cette fois. Aujourd'hui, tu n'as fait que des bêtises et, à chaque fois, tu as ce nounours avec toi. Si je t'y reprends, je vais te l'enlever ! »

Une fois sa maman partie, Lucie regarda l'ourson dans les yeux. « Tu n'es pas Patenrond, toi ! » dit-elle. L'ourson lui rendit son regard et fit un petit clin d'œil. « Ça alors ! fit-elle, effarée, tu es un véritable ourson ! »

Maintenant, elle comprenait ce qui s'était passé ! Lucie n'en revenait pas de s'être trompée à ce point. Elle caressa doucement l'ourson, qui lui lécha la main. « Je ferais mieux de te ramener chez toi avant que tu

ne fasses d'autres bêtises, dit-elle. Et je dois retrouver le vrai Patenrond. »

Le lendemain matin, avant le réveil de ses parents, elle se glissa hors de la maison emportant l'ourson avec elle. Quand elle fut dans la forêt, elle le posa par terre. Il lui lécha la main et s'enfuit à toutes pattes.

Lucie était bien triste de le voir partir. Elle essuya une larme en se retournant… et voilà qu'au pied d'un arbre elle aperçut son nounours Patenrond ! Lucie le prit dans ses bras et le serra très fort.

« Mais où étais-tu passé ? demanda-t-elle. Tu ne peux pas t'imaginer les ennuis que j'ai eus ! Qu'est-ce que tu as fabriqué, toute la nuit ? »

Patenrond ne répondit pas et se contenta de sourire. Qu'avait-il donc fait toute la nuit ? Eh bien, ça, les amis, c'est une autre histoire !

Où est mon nounours ?

J'avais un ours tout doux,
Qui me suivait partout,
Voilà que je l'ai perdu,
Je ne le retrouve plus.

J'ai exploré le canapé,
La table de la salle à manger,
J'ai cherché dans le jardin,
Et même dans la cage aux lapins !

J'ai regardé dans la baignoire,
J'ai inspecté le long couloir,
Où est mon nounours adoré ?
Nounours, partout je t'ai cherché !

Alors, je jette un œil à la cuisine,
N'est-il pas dans le frigo ?
Et voilà Nounours derrière le hublot
Plein de bulles de savon, dans la machine !

Le bonhomme biscornu

Il était un petit homme biscornu
Qui marchait sur une route biscornue,
Il passa sous un arbre biscornu,
Planté dans un jardin biscornu.
Il apportait un chat tout biscornu,
Qui croquait une souris biscornue,
À son voisin très biscornu,
Dans sa maison biscornue.

À la fête foraine, j'ai vu

À la fête foraine, j'ai vu un Écossais,
Avec les pieds, du tambour, il jouait.
À la fête foraine, j'ai vu un Écossais,
C'est Mackenzie qu'il s'appelait.

Dans le jardin, j'ai vu un chien couché,
Un os en or, il rongeait.
Dans le jardin, j'ai vu un chien dressé,
C'est Ulysse qu'il s'appelait.

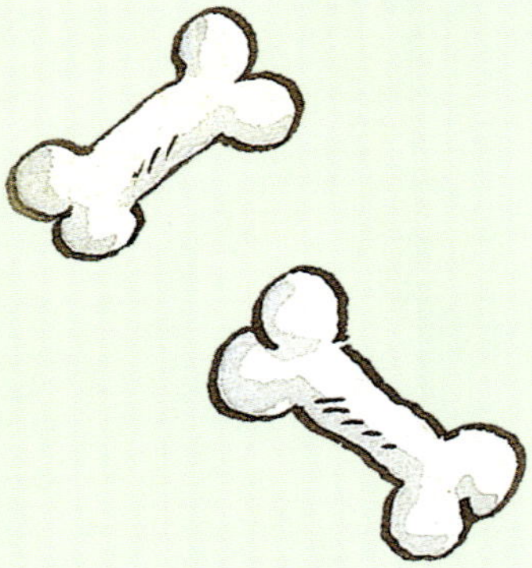

À la ville, j'ai vu un boulanger,
Un pain de cent kilos, il préparait.
À la ville, j'ai vu un boulanger,
C'est Hercule qu'il s'appelait.

Dans le pré, j'ai vu une abeille toute frisée,
À la marelle, elle jouait.
Dans le pré, j'ai vu une abeille toute frisée,
C'est Noémie qu'elle s'appelait.

Dans le buffet, j'ai vu un mille-pattes doré,
Mille sabots bleus, il portait.
Dans le buffet, j'ai vu un mille-pattes doré,
C'est Napoléon qu'il s'appelait.

Le plus petit cochon

Cochonou a un secret. Il se glisse sous le foin chaud, contre ses frères et sœurs, pointe le groin vers le ciel piqueté d'étoiles, et sourit en pensant : ce n'est pas si mal d'être le plus petit de tous les petits cochons…

Il n'y a pas si longtemps, Cochonou ne se sentait pas très bien. Vraiment, il était le plus minuscule de toute sa famille. Il avait cinq frères et cinq sœurs qui étaient tous plus dodus et plus grands que lui. La femme du fermier l'appelait Minus, parce qu'il était le dernier de la portée.

Je pense que ce Minus ne donnera rien de bon », avait dit la fermière à son amie Véro, tout en distribuant du foin à tous les animaux.

Ses frères et sœurs se moquaient sans cesse de lui. « Pauvre petit Minus, lui disaient-ils en riant. Tu dois être le plus petit cochon du monde ! »

« Laissez-moi tranquille ! » s'écriait Cochonou. Il rampait alors dans un coin de la grande porcherie, se mettait en boule et commençait à pleurer. « Si nous n'étiez pas si gourmands et que vous me laissiez manger de temps en temps, je serais peut-être plus grand ! » se plaignait-il.

À chaque repas, c'était la même chose. Les autres le bousculaient et le repoussaient loin de l'auge, où il ne restait pour lui que les miettes. Jamais il ne grandirait, à ce compte-là !

Puis un jour, Cochonou fit une grande découverte. Il se cachait dans un coin de la porcherie, comme d'habitude, quand il aperçut un petit trou dans les planches de la grange, juste derrière l'auge.

« Je suis sûr que je pourrais me glisser dans ce petit trou », se dit Cochonou, tout content.

Il attendit le moment d'aller se coucher et, quand tous ses frères et sœurs dormirent à poings fermés, il se faufila dehors par le petit trou. Soudain, il se retrouva au grand air, libre d'aller où il voulait ! Quelle aventure !

Tout d'abord, il alla au poulailler et avala plusieurs rations de grain. Puis il courut au champ, passa sous la barrière et grignota les carottes de l'âne.

Il entra ensuite dans le potager et dévora toute une rangée de choux. Quel fabuleux festin ! Et quand son petit ventre fut bien rempli, il rentra à l'étable. En chemin, il s'arrêta au pied d'un buisson. Quel parfum ! Il fouina un peu partout jusqu'à ce qu'il trouve d'où venait cette merveille, il y avait là tout un parterre de fraises sauvages.

Cochonou n'avait jamais rien goûté de si délicieux. « Demain soir, c'est par là que je commencerai ! » se promit-il en trottinant vers la grange.

Tranquillement, il se faufila de nouveau par le petit trou et s'endormit bientôt, contre sa maman, avec un sourire de contentement.

Nuit après nuit, Cochonou poursuivit ses aventures gourmandes, en passant par le trou pendant que ses frères et sœurs dormaient. Maintenant, il n'était plus vexé quand les autres le repoussaient dans un coin à l'heure du dîner, parce qu'il savait qu'un meilleur repas l'attendait. Parfois, il trouvait des restes du repas des fermiers dans la gamelle du chien ou des seaux de grain à côté des chevaux. « Miam, miam ! De l'avoine pour le petit cochon ! » pensait-il en riant, et en se dépêchant de tout avaler.

Mais au fil des jours et des semaines, Cochonou commença à s'arrondir, et il avait de plus en plus de mal à se glisser par le petit trou du mur.

Cochonou savait que, bientôt, il deviendrait trop grand mais, à ce moment-là, il serait assez fort pour se défendre de ses frères et sœurs. Et ce secret-là, il le portait dans son cœur.

Atchoum !

L’œil du souriceau se brouille,
Et son museau chatouille,
Ses moustaches tremblotent,
Et ses genoux s’entrechoquent.

Voilà qu’il a le hoquet,
Et se met à éternuer,
« Oh la la! Quel dommage !
Je suis allergique au fromage ! »

Debout, petit ours

Debout, petit ours,
C'est l'heure de la course,
Grimpe sur ton cheval,
Et pars en cavale.
Clip-Clop !
Clip-Clop !
Tourne en rond,
Et patapon,
Tourne vite, il faut rentrer,
Dans le coffre à jouets !

Trois nounours à la mer

Dans un petit baquet
Trois nounours sont installés,
Pour voguer sur l'eau,
Mais le parfum des gâteaux,
Et des biscuits tout chauds,
Les ramènera à quai,
Juste à l'heure du goûter.

Les jeux de minuit

Au salon, minuit vient de sonner,
Tout le monde dort à poings fermés,
Pour les ours, c'est l'heure de se lever,
De quitter les couettes et les oreillers.

Ils descendent au pied du lit,
Et se rassemblent dans la nuit,
Puis, dans les rues, sans peur du noir,
Marchent vers les balançoires.

Et là, sous la lune, ces petits fous
De pirouettes, ces filous
Glissent sur les toboggans
Et se bousculent en riant.

Quand le soleil pointe le nez,
Ils rentrent dans leur lit douillet,
Sous les édredons des enfants,
Ils attendent bien sagement.

L'anniversaire des lapinous

« Demain, je fête mon premier anniversaire ! » annonça fièrement Boule de Neige, un tout petit lapin blanc. C'est super ! »

« Oui, super ! » dit Moustache, son frère. « D'autant que c'est aussi mon anniversaire ! »

« Et le mien ! » dit Panache.

« Et le mien ! » dit Grigri.

« Et le mien ! » dit Tibère.

« Tu crois que Papa et Maman ont une surprise pour nous ? » demanda Boule de Neige.

« J'espère bien ! » dit Moustache.

« Moi aussi !» dit Panache.

« Moi aussi !» dit Grigri.

« Moi aussi !» répéta Tibère.

Madame Lapin, qui était devant sa porte, avait entendu

la conversation des petits lapins tout excités à l'idée de leur fête.

Comment pouvait-elle transformer cette journée en un souvenir inoubliable ? Elle s'assit et réfléchit longtemps. Enfin, lorsque Monsieur Lapin rentra à la maison, elle lui expliqua : « Demain, c'est le premier anniversaire des enfants, et je vais leur faire une surprise. Je voudrais préparer un gâteau à la carotte, mais j'ai besoin de carottes. Pourrais-tu aller en déterrer quelques-unes, bien fraîches, dans ton potager ?

« Mais oui, ma chérie », répondit Monsieur Lapin, qui ressortit immédiatement.

Monsieur Lapin était très fier des légumes qu'il faisait pousser. Ses carottes étaient croquantes, sucrées et délicieuses.

Tous les ans, il les présentait au concours agricole de sa ville et, presque toujours, elles remportaient le premier prix. Vous imaginez donc sa colère quand il découvrit qu'elles avaient toutes été arrachées et volées !

Il revint à la maison. « Quelqu'un a volé mes carottes ! annonça-t-il, furieux, à sa femme. Je vais trouver le voleur ! »

Il était tard, mais il repartit dans le jardin et se mit à chercher celui qui l'avait volé.

Tout d'abord, il s'arrêta devant le terrier de Lièvre Gourmand, et frappa à la porte.

« Quelqu'un m'a volé mes carottes ! dit Monsieur Lapin. Sais-tu qui l'a fait ? »

« Oui ! répondit Lièvre Gourmand. Mais ce n'est pas moi ! »

Monsieur Lapin eut beau lui poser des questions, Lièvre Gourmand ne voulut rien expliquer.

Ensuite, Monsieur Lapin se rendit au domicile de Renard Malin.

« Quelqu'un m'a volé mes carottes ! expliqua Monsieur Lapin. Sais-tu qui l'a fait ? »

« Oui ! répondit Renard Malin. Mais ce n'est pas moi ! »

Monsieur Lapin eut beau lui poser des questions, Renard Malin ne voulut rien expliquer.

Alors, Monsieur Lapin alla chez Léon le Blaireau et lui demanda s'il savait qui avait volé ses carottes.

«Oui ! Je sais qui c'est, répondit Léon le Blaireau. Mais ce n'est pas moi. »

Et comme les autres, il refusa d'en dire plus. Partout où Monsieur Lapin se rendait, il obtenait la même réponse. Il se mit très en colère et tapa du pied, mais personne ne voulut lui dire qui avait volé ses carottes.

« Tu trouveras bien tout seul », répondit Écureuil Roux.

Monsieur Lapin rentra donc chez lui, très préoccupé.

« On dirait que tout le monde est au courant, mais personne ne veut rien m'expliquer », dit-il à sa femme.

« Quelqu'un finira bien par te le raconter, répondit-elle. Moi, je ne sais pas qui c'est. Et demain, c'est l'anniversaire de nos enfants, et nous n'avons pas de surprise pour eux. » Tous deux allèrent se coucher, un peu tristes mais bien décidés à percer ce mystère le lendemain.

Le matin suivant, les petits lapins arrivèrent en courant dans la cuisine, où leurs parents prenaient leur petit déjeuner.

« Bon anniversaire tout le monde ! » s'écria Boule de Neige.

« Bon anniversaire tout seul ! », répondirent les autres lapinous.

« Voilà, ce n'est pas un gros cadeau, mais je voulais

donner à chacun une petite surprise ! continua Boule de Neige. Au fait, Papa, j'espère que cela ne te dérange pas ? » Boule de Neige apporta une botte de carottes

toutes fraîches, chacune décorée d'un petit ruban, et les donna une par une à ses frères et sœurs.

« Incroyable ! s'écria Moustache. J'ai eu la même idée ! » Et il alla chercher une autre botte de carottes.

« Moi aussi ! » dit Panache.

« Moi aussi ! » renchérit Grigri.

« Moi aussi ! » répéta Tibère.

Et bientôt, un énorme tas de carottes toutes fraîches apparut sur la table de la cuisine.

« Ah ! voilà donc ce qui est arrivé à mes carottes ! s'écria Monsieur Lapin, tout étonné. Je croyais qu'elles avaient été volées ! Et quand il raconta l'histoire aux petits lapins, ils rirent aux éclats. Puis Madame Lapin enfila son tablier de cuisine et mit tout le monde à la porte.

« Laissez-moi les carottes, dit-elle. J'ai un cadeau d'anniversaire à préparer ! »

C'est ainsi que le mystère fut résolu. Lièvre Gourmand avait bien vu les petits lapins se glisser dans le jardin, l'un après l'autre, pour aller déterrer quelques carottes, pensant que personne ne les verrait faire. Il savait que c'était leur anniversaire. Alors il l'avait raconté aux autres voisins qui avaient tous trouvé cela très drôle.

Monsieur Lapin fut dépité d'avoir été si fâché contre ses voisins, alors qu'ils essayaient juste de garder le secret. Pour se faire pardonner, il les invita à prendre le thé cet après-midi-là, et les petits lapins furent ravis de la visite.

Bien sûr, le clou de la fête fut le moment où Madame Lapin apporta, devinez quoi, un énorme gâteau à la carotte !

Un château de biscuits

Un château de biscuits
au caramel,
Un château de biscuits
au caramel,
Couli, coula !
Couli, coula !
Un château de biscuits
au caramel.

Secoue les bonbons du bocal,
Secoue les bonbons du bocal,
Tchic, tchac !
Tchic, tchac !
Secoue les bonbons du bocal.

Sur le gâteau, jolies bougies,
Sur le gâteau, jolies bougies,
Ffut, ffut !
Ffut, ffut !
Souffle les jolies bougies !

Hip-hippo

Ohé, du bateau !
C'est moi l'hip-hippo
Hip-hippo hourra !
Dans la boue de mon bain,
Plitch, platch, je suis si bien,
Comme un poisson dans l'eau
Et je trouve ça très rigolo.

Ces grosses bulles, quelle merveille !
J'aime respirer par le nez,
Me tortiller, me prélasser,
La boue entre les orteils.
Et le croiriez-vous ?
Après tous ces glouglous,
Je sors bien parfumé de ma gadoue !

Une bouteille à la mer

Diamant, le petit ours blanc, plongea la patte dans un trou de glace et sentit un drôle d'objet. Il avait vu quelque chose briller sous la surface de l'eau claire. Juste à ce moment, son copain Bako le pingouin pointa le bec hors du trou et lui rapporta l'objet coincé sous son aile. C'était une bouteille en verre.

« Ce truc me paraissait bizarre, dit Diamant. Qu'est-ce que c'est ? »

« Je ne sais pas, répondit Bako. Ça flottait dans les vagues, derrière les icebergs, très loin d'ici. Je l'ai rapporté. »

Les deux amis s'installèrent sur la banquise pour examiner la bouteille.

« Il y a quelque chose à l'intérieur, dit Bako. Il faudrait regarder ce que c'est. » Ils enlevèrent le bouchon et Bako glissa son bec à l'intérieur et en sortit un morceau de papier.

« Qu'est-ce que ça dit ? » demanda Diamant. Bako regarda le message de très près.

« S.O.S. Je suis échoué sur une île déserte. Mon bateau est en miettes, il fait très chaud. Et c'est signé Bruno, l'ours brun, lut Bako. De l'autre côté du papier, il y a une carte. Crois-tu que nous devrions essayer de l'aider ? »

« Bien sûr que oui ! répondit Diamant. C'est un de mes cousins, il est en danger. Et puis, quelle aventure ! J'ai toujours voulu connaître les pays chauds ! »

Les deux amis étudièrent la carte en détail, puis marchèrent sur la banquise jusqu'à la mer. Ils firent un signe en direction de leur terre de glace, puis commencèrent à nager vers le sud, en direction de l'île déserte. Au bout d'un moment, Diamant fut fatigué. Il n'avait jamais nagé aussi loin de chez lui.

« Reposons-nous un peu », dit Bako, et ils se mirent à faire la planche.

« C'est encore loin ? » demanda Diamant.

« Oh, oui, bien plus loin ! dit Bako. L'eau ne s'est même pas encore réchauffée. Quand nous arriverons, nous aurons l'impression de prendre un bain chaud ! »

« Jamais je n'en ai pris ! remarqua Diamant, tout émoustillé. Je me demande si j'aimerai ça. »

« Je ne sais pas », répondit Bako.

Nos amis poursuivirent donc leur route vers le soleil. Petit à petit, l'eau se réchauffa. Et Diamant se mit à rire.

« J'ai la fourrure qui me chatouille », dit-il d'un air tout guilleret.

Longtemps encore, ils nagèrent. Un grand soleil leur tapait sur la tête. Diamant se mit à souffler et à haleter.

« Je crois que j'ai trop chaud ! remarqua-t-il. Je ne peux pas aller plus loin ! »

« Regarde ! Nous sommes tout près ! s'écria Bako, en pointant son aile dans une direction. Voilà l'île ! »

Sur la plage, Bruno leur faisait de grands signes joyeux en sautant sur place.

« Vous m'avez trouvé ! cria-t-il. Incroyable ! Ma petite bouteille est allée jusqu'au pôle Nord ! »

« Tu te rends compte, je suis venu à la nage ! » dit Diamant, le souffle court et titubant de fatigue sur la plage. « Je n'en peux plus ! » dit-il en s'écroulant sur le sable chaud.

Bruno conduisit ses sauveteurs jusqu'à une grotte qu'il avait découverte tout près de là, et où ils se reposèrent. Lorsque la nuit tomba, Bruno fit un grand feu sur la plage, et tous trois commencèrent à se raconter leurs aventures. Bruno expliqua comment il s'était embarqué sur un petit bateau, s'était échoué ici et avait retrouvé son bateau détruit.

« Je croyais que je ne quitterais plus jamais cette île ! se plaignit-il. Et je veux rentrer à la maison ! »

« Ne t'inquiète pas, dit Diamant. Nous te ramènerons chez toi. Mais prenons d'abord une bonne nuit de repos. »

Le lendemain matin, les trois amis s'amusèrent sur la plage.

« Finalement, je crois que je n'aime pas cette chaleur, remarqua Diamant. Elle me fatigue terriblement. Et puis, ce sable pénètre partout ! » Les autres se mirent à rire.

« Alors, on devrait se mettre en route », dit Bako.

Bruno n'étant pas bon nageur, ils prirent le radeau qu'il avait construit et l'y installèrent. Diamant le tirait. Le voyage fut long et pénible, mais ils arrivèrent finalement chez Bruno. Diamant et Bako virent à quel point il était heureux d'être rentré, et surent que leurs efforts n'avaient pas été inutiles.

« Promettez que vous viendrez me voir ! » leur cria Bruno quand il leur dit au revoir. Diamant et Bako repartirent pour le pôle.

« C'est promis ! cria Diamant. Mais seulement s'il ne fait pas trop chaud ici ! Je suis impatient de retrouver ma banquise ! »

Le thé chez la reine

Nounours, nounours, mon cher,
Dis-moi où tu es allé !
Je suis allé en Angleterre,
Chez la reine, à l'heure du thé.

Je suis entré dans son palais
À la grande porte, j'ai frappé,
L'un des soldats m'a dit d'entrer,
Puis il m'a fait patienter.

Un grand valet de pied
Tout de rouge habillé,
M'a dit de l'accompagner.
« Monsieur Nounours, s'il vous plaît ! »

Et là, dans la salle des grands jours
Assise sur un trône de velours,
La pauvre reine buvait son thé
Avec un air tout attristé.

Elle m'a dit, comme c'est gentil !
Asseyez-vous, je vous en prie.
J'étais ravi, car c'est ainsi
Que l'on devient de bons amis.

Et quand je suis parti,
C'est elle qui m'a dit :
Revenez bientôt, mercredi.
D'avance, un grand merci !

Le nounours orgueilleux

William était un nounours très orgueilleux. « Regardez ma jolie fourrure toute douce ! disait-il aux autres jouets. Regardez comme elle est bien lustrée ! »

William adorait parler de lui. « Je suis le plus malin de tous les jouets ! se vantait-il souvent. D'ailleurs, tout le monde le sait ! »

Ce qu'il ne savait pas, c'était que tous les autres jouets riaient de lui quand il avait le dos tourné.

« Cet ours se croit si malin, grognait Silvio le chien. Mais pourtant il ne l'est pas assez pour comprendre qu'il ennuie tout le monde. »

« Un de ces jours, il finira par s'en rendre compte », déclara Kapi le singe. Effectivement, c'est ce qui arriva.

Par un beau jour d'été, les jouets se prélassaient dans la salle de jeux. «Ce serait sympa d'aller faire un tour dehors », proposa Nadia, la poupée de chiffons.

« Nous pourrions faire un joli pique-nique dans les bois », proposa Bello, le vieux nounours.

« Encore mieux, nous pourrions faire un tour dans la voiture à pédales ! » renchérit Valentin le lapin.

« Mais personne ici ne sait la faire marcher ! » regretta Nadia la poupée.

« Pardon ! Moi, je sais ! » dit une voix surgie d'un petit coin. C'était William. Il avait écouté la conversation. « Je sais conduire la voiture à pédales. Et je connais un très bon coin pour le pique-nique dans les bois », ajouta-t-il.

« Mais on ne t'a jamais vu conduire cette voiture ! » remarqua Valentin le lapin d'un air méfiant.

« C'est parce que je la conduis la nuit, quand vous dormez,

expliqua William. En fait, je suis un excellent conducteur ! »

« Ooh, alors, allons-y ! » s'écria la poupée Nadia. Et en moins d'une minute, tout le monde avait grimpé à bord de la voiture.

« Euh, je ne sais pas si j'ai envie de conduire aujourd'hui, marmonna William. Il fait trop chaud ! » Mais les autres jouets ne voulaient rien entendre. William monta donc en maugréant et s'installa derrière le volant. En réalité, William n'avait jamais conduit la voiture, et il avait très peur. Mais il voulait donner l'impression de tout savoir, alors il fit semblant d'être à l'aise.

Ils descendirent l'allée du jardin.

« Tut, Tuut ! »

« Tut ! Tut ! » William klaxonna en engageant la voiture sur le chemin, et tous ses camarades se mirent à chanter.

Tout allait pour le mieux jusqu'à ce que Nadia la poupée dise soudain : « Hé, William, je crois que nous avons raté la route qui va à la forêt ! »

« Je sais très bien ce que je fais ! répondit William d'un air fâché. Laisse-moi me débrouiller. » Et il accéléra.

« Ralentis un peu, William ! prévint Bello, le vieux nounours. Je vais m'enrhumer ! » En fait, il commençait à être terrorisé.

« Je n'ai pas besoin de vos leçons de conduite, merci ! » grogna William, qui appuya encore un peu plus sur l'accélérateur. Maintenant, les autres passagers eux aussi étaient inquiets, mais William s'amusait comme un fou.

« Je suis un formidable conducteur ! dit-il en riant. Regardez, sans les mains ! » Et il leva les pattes du volant. Juste à ce moment, ils arrivèrent à un virage en épingle à cheveux. La petite voiture partit tout droit dans le décor et alla s'écraser contre un arbre, envoyant valser tous les jouets dans le fossé !

Ils étaient tous un peu étourdis mais, heureusement, aucun n'était blessé. Mais ils étaient très fâchés contre William.

« Espèce d'idiot ! dit Valentin, furibond. Tu aurais pu nous tuer ! »

« Il va falloir rentrer à pied à la maison, maintenant, déclara Nadia, en se frottant le nez. Où sommes-nous ? »

Ils se tournèrent tous vers William.

« Je n'en ai pas la moindre idée », dit-il.

« Mais tu disais que tu connaissais le chemin ! » protesta le vieil ours indigné.

« Je faisais semblant de le connaître, répondit William, la voix toute tremblante. En fait, je vais tout vous dire : je ne sais pas conduire et je ne connais pas cet endroit ! » Puis il se mit à pleurer.

Les autres jouets étaient vraiment furieux.

« Espèce d'ours mal léché! grondèrent-ils. Regarde dans quels ennuis ton orgueil nous a mis ! »

Péniblement, les jouets perdus marchèrent toute la nuit dans les bois, affolés par les ombres menaçantes qui se glissaient autour d'eux, se serrant les uns contre les autres pour se rassurer.

Ils ne s'étaient jamais promenés la nuit dehors. Puis, avant l'aube, ils aperçurent la petite maison où ils vivaient, et rampèrent discrètement dans la salle de jeux. Quel soulagement de retrouver leur petit monde !

Heureusement, leur maîtresse n'avait pas remarqué leur absence. Elle ne sut donc jamais quelles terribles aventures ses jouets avaient vécues pendant son sommeil. Pourtant, elle se demanda comment sa voiture avait pu disparaître. Quant à William, il se sentit vraiment honteux de ce qui était arrivé. Au bout de quelque temps, les autres jouets lui pardonnèrent et, à partir de ce jour, il se garda bien de se vanter.

Purée de poix

Si tu t'achètes un sac de riz,
Ne trempe pas le doigt
Dans la purée de poix
Pour compter tes économies !

Les petits hommes verts

Deux petits hommes verts
Ont fait le tour de la terre

Du haut de leur drôle d'engin,
Ils n'ont pas beaucoup aimé les humains
Alors ils ont fait marche arrière.

Bébé dans son berceau

Bébé dans son berceau
Fais dodo, fais dodo.

Le réveil sur la commode
Fait tic tac ! tic tac !

La pluie sur le carreau
Fait flic-flac! flic-flac !

Et revoilà le soleil!
Bravo ! Bravo !

Petits moutons dans la prairie

Petits moutons dans la prairie
Ne pouvaient pas rester au lit,
N'arrivaient pas à faire dodo,
Ce n'était pas très rigolo.

La chouette, animal sage,
Leur a dit : « Comme c'est dommage,
Vous avez tant de moutons à compter,
Bien vite, vous vous endormirez !

« Sept, neuf, quatorze et vingt,
Non, je n'y comprends rien »,
Les petits moutons ne savaient pas compter
Au matin, ils l'ont regretté !